42가지
언어의
기술

	분류의 취향 (난 이렇게) 난시 브라헤르 **14**	비교해서 알아채야 (다른 점 찾기) 페데리코 콤비 **16**	오해를 부르는 묘사 (난 거기에서 왔어) 루시아나 페이토 **18**	정의하기의 어려움 (금지 단어) 비르히니아 피뇬 **20**
	제멋대로 해석하기 (수수께끼) 마리아 라베시 **32**	깃발로 설명하기 (단어 만들기) 아드리아나 케셀만 **34**	예를 들면 (초성 놀이) 난시 브라헤르 **36**	
	궁금증과 증명 (무엇이 더) 신티아 오렌슈타인 **46**	날개의 원리 (연 만들기) 테테 시리글리아노 **48**	죽지 않는 사진 (모형 만들기) 페데리코 콤비 **50**	공룡의 완성 (오목) 나탈리아 잔코브스키 **52**
	돛으로 가는 우주선 (미로찾기) 벨라 오비에도 **64**	순서대로 정렬! (도미노) 테테 시리글리아노 **66**	우주의 구성 (퍼즐) 마리아 라베시 **68**	
	결합이 만드는 노래 (칠교) 마리아 라베시 **78**	성급한 일반화 (그림자 놀이) 아드리아나 케셀만 **80**	다리의 변형 (공 넣기) 테테 시리글리아노 **82**	완전한 작품 (공기 놀이) 난시 브라헤르 **84**
	언덕 위의 예쁜 집 (젠가) 에우헤니아 노바티 **96**	수정하고 수정하고 (카드 성) 나탈리아 잔코브스키 **98**	위대한 결정 (가위바위보) 가브리엘라 티에리 **100**	

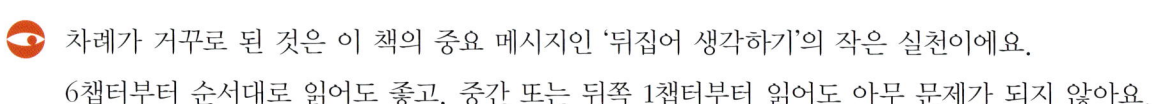 차례가 거꾸로 된 것은 이 책의 중요 메시지인 '뒤집어 생각하기'의 작은 실천이에요.
6챕터부터 순서대로 읽어도 좋고, 중간 또는 뒤쪽 1챕터부터 읽어도 아무 문제가 되지 않아요.

언어와 생각 사이

세상의 모든 일은 생각에서 시작된다는 걸 알고 있나요? 스마트폰도, 우주선도, 인터넷 게임도, 맛있는 음식도, 놀라운 이야기의 영화도 모두 생각에서 나온 거랍니다. 머릿속의 생각이 현실이 된 것이죠. 생각만큼 중요한 것은 없답니다. 그러면, 어떻게 생각을 잘할 수 있을까요? 먼저 정확한 언어를 아는 것이 중요해요. 생각은 언어로 만들어지니까요. 또 올바른 논리도 필요해요. 논리는 생각을 꿰어주는 마법의 실이죠. 이 책은 정확한 언어와 논리를 익히게 하면서 생각을 잘하도록 돕습니다.

세상의 모든 중요한 발견들은 아주 사소하고 우연하게 시작되었어요. 그러니 새로운 발상과 도전을 겁내서는 안 되겠죠. 마음을 열고 차분히 관찰하면 많은 것들을 발견하게 돼요. 마음껏 상상의 날개를 펼치세요. 뇌 속 톱니바퀴들을 움직여 보세요. 어떤 위대한 생각이 떠오를지 모르니까요.

이 책은 환상적인 그림과 함께 신기한 이야기를 들려주면서 발상과 표현에 필요한 언어들을 익히게 해요. 기발한 상상력과 여러 가지 발상의 전환을 제안하기도 하죠. 세상의 큰 변화들은 다르게 보는 눈을 가진 괴짜, 즉 '생각 부자'들이 있었기 때문에 가능했어요. 새로운 시대는 늘 새로운 아이디어, 독특한 관점, 틀을 깨는 생각을 통해 만들어지니까요. 정확한 언어로 분석하고 추론하고 통합하고 정리하고 표현하고… 바로 여러분이 생각 부자가 되어 보세요.

이 책은 또 '생각하기 게임'을 제공해요. 게임과 놀이는 생각하는 힘을 길러 주죠. 게임을 하는 동안 뇌 속에서는 정말 많은 움직임이 일어나요. 이를 통해 새로운 것을 익히고 재창조하는 방법을 배우는 거죠. 상상력과 함께 정확한 표현력, 전달력, 소통하는 능력도 터득할 수 있답니다. 우리 함께 언어의 기술을 익히고 생각 잘하는 방법을 배워 보아요. 게임처럼 즐겁게!

전설과 과학

먼 옛날 포르투갈에서는 북반구와 남반구가 만나는 곳의 바닷물은 펄펄 끓어오른다고 믿었어요. 그곳에는 괴물들만 살 수 있다고 전해졌죠.

괴물이 아니면 누가 그런 뜨거운 물에서 살겠어요! '타는 것처럼 뜨거운 온도'는 그곳을 가장 잘 정의하는 말이었어요. 그래서 그곳을 페루스타라고 불렀는데, 불태우는 지역이라는 뜻이에요. 이 지역으로 들어가는 입구에는 '공포의 곶'이라는 팻말이 붙어 있었어요. 절대 들어가지 말라는 경고였죠.

그 근처까지 갔다 온 선원들은 공포에 질려 묘사했어요. "그곳에 도착하자마자 우리가 가장 먼저 알아본 건 바로 타는 듯한 열기와 갑작스러운 어둠이었어. 배가 자욱한 안개에 휩싸이고, 돛도 불에 타버렸다고! 하지만 그중에서 최악은 괴물들이었어. 괴물들은 부글부글 끓는 거품을 내뿜고 윙윙거리는 소리를 내면서 공포의 곶 너머로 배를 질질 끌고 가려고 했다고!"

모두가 그 말을 믿었어요. 사람들의 공포가 커지자 포르투갈의 왕은 모험심 많은 항해자 질 이아네스에게 공포의 곶을 개척하라고 명령했어요.
질 이아네스는 용기를 내어 항해에 나섰어요. 그는 아주 똑똑한 사람이었기 때문에 그곳에 도착해서 가장 먼저 해안 근처의 수심을 **관찰**했고, 북쪽과 **비교**해서 아주 얕다는 걸 알게 되었어요.

그는 소문이 틀렸다는 사실을 깨달았죠. 그리고 모두가 보는 앞에서 부글거리는 바다에 뛰어들어 온몸을 담갔어요.

현재의 포르투갈 사람들은 그곳의 뜨거운 열기와 어둠이 근처 사막의 먼지 섞인 바람 때문이라는 걸 잘 알고 있어요. 윙윙거리는 소리와 거품은 정어리 떼가 먹이를 찾아 무리지어 돌아다니고 있기 때문이고, 사나운 거품은 물이 수중 암초에 세게 부딪치기 때문이라는 것도요.

용감한 항해자의 이 관찰과 발견의 결과는 간단한 것이 아니었어요. 덕분에 바닷길이 열리고 세계는 대항해 시대를 맞게 되었으니까요. 이렇게 옛날에는 초자연적인 일로 **분류**했던 많은 현상들을 오늘날에는 과학적으로 설명할 수 있게 되었어요.

관찰의 힘. 한밤중, 무시무시한 발톱을 가진 괴물이 찾아올까 봐 무서웠던 적 있나요? 무섭다고 두 눈을 질끈 감으면 벌벌 떨게 될 뿐이지만, 용기 있게 눈을 부릅뜨고 **관찰**하면 괴물은 그냥 그림자로 변해요.

때로 두려움은 우리의 희망을 빼앗고 행동을 굼뜨게 만들어요.
'두려움'을 사냥할 때는, 지금 상황을 자세히 관찰하는 게 도움이 돼요.
정체를 알 수 없던 것의 진짜 모습을 밝혀낼 수 있죠.

풍경을 바라보면 그곳에 뭐가 있는지 알 수 있어요.
그리고 자세히 들여다보면 슬쩍 볼 때보다 더 많은 걸 알 수 있어요.

눈을 감고도 무엇을 볼 수 있을까요? 말이 안 되는 것 같지만, 눈이 아니라 손으로도 세상을 볼 수 있어요. 시각 대신 촉각을 이용해 보는 거죠.
두 눈을 감고 **물건이 보여보여** 놀이를 해 보세요.

"만졌어!"
"어떤 느낌이야?"
"딱딱하고 길어. 한쪽 끝은 뾰족하고 한쪽 끝은 뭉툭해."
"연필이구나!"

말하지 않고도 친구의 생각이나 감정을 읽는 방법이 어떤 게 있을까요?

제대로 알아보기. 엄마가 나한테 심부름을 시켰는데, 내가 입을 '후드 티셔츠'를 하나 사오라고 했어요. 나는 그게 뭔지 몰랐죠. 엄마는 "모자가 달린 티셔츠야."라고 설명해 줬어요. 나는 옷가게에 가자마자 후드 티셔츠가 뭔지 바로 알아볼 수 있었어요.

알아본다는 건 무언가의 특징을 관찰한 후 다른 것들과 구별해 내는 거예요.

옛날에 지도를 만들던 사람들은 다른 사람의 말만 듣고 지도를 그리고는 했어요. 살던 곳을 벗어나는 일이 정말 드물었으니까요. 그래서인지 멀고 낯선 땅일수록 지도에는 환상적인 내용이 많이 담겼죠. 나중에 교통이 발달하고, 지도 그리는 사람들이 직접 여행을 하게 되면서 이전 지도가 틀렸다는 걸 알아볼 수 있었죠.

기린과 해적 선장, 우주 비행사가 한 탁자에 앉아 있어요. 이들은 모두 상대방이 누군지는 알지만, 자신이 누군지는 몰라요. 각자의 이마에 이름표가 붙어 있어서 상대방만 볼 수 있거든요.

"나는 누굴까?"
"너는 난폭해." 기린이 말했어요.
"눈이 하나야." 우주 비행사가 말했어요.
"난 키클롭스구나!"
"땡!"

만약 내가 태어나서 단 한 번도 거울을 보지 못했다면, 어떻게 사진 속 얼굴이 나인지 알 수 있을까요?

분류의 취향. 우리 할머니는 옷을 사용 빈도에 따라서 보관했어요. 한쪽 서랍에는 매일 입는 옷을 넣고, 다른 서랍에는 가끔 입는 옷을 넣었죠. 그리고 예쁜 상자에는 특별한 날에 입는 옷을 넣어 놨어요.

하지만 나는 옷의 종류에 따라 보관해요. 어떤 옷은 '속옷 서랍'에 넣고, 어떤 옷은 '티셔츠 서랍'에 넣죠. 그래서 옷을 입을 때 여러 서랍을 열어야 해요.

분류할 때는 목적을 생각해야 해요. 식물의 잎 모양에 관심이 있는 사람에게 꽃 모양으로 분류된 책을 준다면 별로 도움이 되지 않겠죠.

세탁을 할 때 우리집은 어떤 기준으로 빨래들을 분류할까요.
색깔별, 천 종류별, 아니면 겉옷과 속옷?
아니면 무언가 다른 특별한 기준이 있는 걸까요?

"**난 이렇게** 색깔별로 할 거야. 흰옷과 색깔 옷!"
"난 이렇게 사람별로 할 거야. 내 옷, 동생 옷!"

'나만의 도서관'을 차리게 된다면 책들을 어떤 기준으로 분류하고 싶은가요?

비교해서 알아채야. 바다 한가운데서 허우적대는 조난자가 보여요! 그리고 거대한 범선 두 척이 그 사람에게 다가가고 있어요.

물속에서 버둥거리던 조난자는 드디어 집에 돌아갈 수 있다는 희망이 생겼어요. 하지만 막상 다가오는 배들을 보니 둘 중 어떤 배에 타야 할지 고민스러웠어요. 둘은 쌍둥이처럼 비슷했거든요. 조난자는 두 배의 돛과 밧줄, 장루, 몸체, 선수상들을 하나하나 비교해 보았어요.

그러고는 마침내 어떤 배에 타야 할지 알 수 있었죠. 한쪽 배에는 해골 모양의 깃발이 있었거든요!

비교는 이것과 저것의 같은 점과 다른 점을 찾아보는 행동이에요.

카메라로 자기 얼굴이나 주변 풍경을 연거푸 두 번 찍은 후, 비교하여 **다른 점 일곱 개를 찾아보세요**. 또, 좋아하는 신발 한 켤레를 두고 비교해 볼 수도 있어요.

금요일과 일요일의 기분을 비교해 볼 수도 있고, 아침에 먹는 빵과 밤에 먹는 빵 맛을 비교해 봐도 재밌을 거예요.

만약 같은 점 일곱 개 찾기 놀이를 하게 된다면 무엇을 가지고 하고 싶나요?

오해를 부르는 묘사. 탐험가가 "여기는 보물섬이야."라고 말했어요. 그러자, 배에 탄 사람들은 각기 다른 꿈을 꾸었어요. 선장은 사방에 금이 있다고 생각했고, 생물학자는 알려지지 않은 수많은 종류의 동식물이 있을 거라고 상상했어요. 그리고 주방장은 진귀한 먹을거리가 많다고 생각했죠. 탐험가는 다들 너무 다른 생각을 하는 걸 보고, 조금 더 자세히 묘사했어야 한다는 걸 깨달았어요.

묘사는 사람과 동물, 또는 현상이 어떤지를 그림이나 말로 표현하는 거예요.

때로는 긴 글이 좋은 묘사가 되기도 하고, 때로는 단순한 그림이 훌륭한 묘사가 되기도 하죠.

난 거기에서 왔어 놀이를 해 볼까요? 외계 행성이나 다른 나라, 과거의 어떤 시대도 좋아요. 내가 그곳에서 왔다고 상상한 다음에, 내가 살던 곳을 상대방에게 3분 정도 묘사해 주세요. 만일 상대방이 답을 맞히지 못하면, 둘 다 지는 거예요!

묘사할 땐 정답이 포함된 단어를 말해선 안 돼요. 산에서 왔다고 설명할 땐 '산꼭대기, 산맥, 산 중턱' 같은 단어들은 말할 수 없어요.

만일 여러분이 동화 속에서 왔다면, 어떤 이야기를 선택하고, 어떻게 설명할 건가요?

정의하기의 어려움. "그것 좀 가져와!" 선장이 크게 소리를 질렀어요. 그러자 초보 선원은 빗자루를, 갑판장은 수건을, 주방장은 커피콩을 가져왔어요. 그러자 선장은 다시 "아니! 쇠로 된 거!"라고 소리를 질렀죠. 그러자 초보 선원은 나팔을, 갑판장은 나침반을, 주방장은 녹슨 주전자를 들고 왔어요. 그래서 다시 "아니! 갈고리 달린 거!"라고 말하자 그들은 각각 낚싯바늘과 쇠갈고리, 작살을 들고 왔어요. 그 모습을 보고 답답해하던 선장은 "아, 물 밑바닥에 배를 고정하는 역할을 하는 거 있잖아!"라고 소리쳤어요.

세 사람은 선장이 '닻'을 한마디로 정의하지 못하는 걸 보고 너무 놀랐어요.

정의는 특정 대상을 다른 비슷한 것들과 구분하기 위해 가장 중요한 특징을 설명하는 거예요. 그러니까 '닻'을 정의하려면 다른 많은 것들과 비교할 때 가장 두드러진 특징인 '배를 고정하는 물건'이라는 점을 빼놓으면 안 돼요.

금지 단어 놀이는 단어를 정의하면 상대방이 맞추는 거예요.
단, 몸동작이나 그 단어와 직접적으로 관련된 설명은 하면 안 돼요.

"이것은 몸이 접혔다 펴졌다 하는 애벌레를 닮은 악기예요."
"아코디언!"
"어둠 속에서 여럿이 앉아 하나의 이야기를 보는 곳이에요."
"영화관!"

'의자'를 정의할 때 다리, 등받이, 앉기 같은 단어를 쓰지 않을 수 있을까요?
'말'을 정의할 때 울다, 달리다, 빠르다 같은 것을 말하지 않는 건 또 어떨까요?

폭죽으로 암호 만들기

바다 한가운데서 어선 한 척이 엄청난 강풍을 만났어요. 무전기도 안되고 배 안에 물까지 들어왔어요. 뭘 어떻게 해야 할까요? 어떻게 도움을 청할까요?
넓은 바다에서 도와 달라는 소리를 듣는 사람이 있을까요?

낮에는 무전기가 안돼도 배들끼리 이야기하기가 쉬워요. 깃발을 이용해서 메시지를 보낼 수 있거든요. 각 깃발은 문자와 연결되고 정해 놓은 뜻과 **관련**이 있어요. 그래서 깃발로 '문제가 있음' 또는 '당신은 위험한 쪽으로 가고 있음'이라는 메시지를 보낼 수 있죠. 분명히 이 방법은 도움이 돼요.

하지만 밤에는 깃발이 보이지 않죠. 게다가 아주 어두울 때는 예상치 못한 일도 생기고, 가까이에 도움을 받을 곳이 있어도 보이지가 않아요. 그럴 땐 어떻게 메시지를 전할까요?
미국의 마사 코스턴은 발명가인 남편이 죽은 후, 그가 공책에 남긴 뜻 모를 메모와

스케치를 발견했어요. 그 메모를 **해석**해 본 결과 밤에 바다에서 주고받는 신호에 대한 내용이었죠.

마사는 남편의 메모와 최신 과학 이론을 합치면 더 실용적인 방법을 **추론**할 수 있을 거라 생각했어요. 어느 날 놀이공원의 불꽃놀이를 본 마사는 다양한 색상의 빛을 만들 수 있다고 **가정**하면 훌륭한 신호 체계가 가능하다는 걸 깨달았어요. 하지만 당시에는 전구가 발명되기도 전이라서 이 아이디어를 실제로 적용하기가 어려웠어요.

마사는 화학 전문가, 폭발물 제조 기술자, 불꽃놀이 전문가 등과 함께 10년간 연구한 끝에 꿈을 이룰 수 있었어요. 해군은 다양한 색상을 가진 조명탄을 이용한 신호 시스템에 대한 **설명**을 듣고 아주 기뻐했어요. 위험에 처한 수많은 선박에게 큰 도움이 될 것이 분명했기 때문이죠. 이것이 바로 불꽃 조명탄이에요. 바다를 항해하는 많은 사람들의 목숨을 구한, 놀라운 발명품이죠.

조명탄은 흰색과 빨강, 초록색으로 이루어진 불꽃들이에요. 하나 또는 여러 색을 합쳐서 특별한 문자 암호 10개를 만들었죠. **예를 들면**, 조명탄을 이용해 이런 대화를 나눌 수 있어요.

- 빨강, 녹색, 흰색. (당신은 위험한 지역으로 가고 있어요.)
- 녹색. (메시지를 받았어요.)
- 빨강, 흰색, 녹색. (오른쪽으로 돌리세요.)
- 빨강, 초록, 흰색. (방향을 바꾸고 있어요. 오른쪽으로 향하고 있어요.)

관련지어 연결하기. 우리 엄마는 파나마와 감비아, 일본 등 여러 나라에서 공사 감독자로 일하셨어요. 집에 오실 때마다 등대 모양의 연필통, 마천루 모형, 다리 모양의 자석 등 그곳의 기념품들을 사 오셨죠.

처음으로 다른 나라 여행을 갔을 때, 신기하게도 집 같은 편안한 느낌이 들었어요. 어렸을 때부터 침대맡에 두고 자던 건물 모형과 똑같은 건물이 눈앞에 서 있었거든요.

관련 짓기는 생각과 개념, 물건 또는 현상을 서로 연결하는 거예요. 누군가 구조 신호를 보냈지만 그걸 본 사람이 '도와줘'라는 뜻과 관련 짓지 못하면 아무 소용이 없어요.

내 물건 찾기는 여러 명이 움직이면서 하는 놀이예요. 참가자들의 절반은 심판에게 손에 들 수 있는 크기의 물건을 주고 뒤로 돌아서요. 심판은 받은 물건들을 나머지 절반에게 아무렇게나 나눠 줘요. 그리고 물건을 받은 사람들은 사방으로 흩어져요. 이제 심판이 "시작!"을 하면, 자기 물건을 찾아서 심판에게 와야 해요. 가장 먼저 오는 사람이 승리하고, 꼴찌로 오는 사람이 다음 경기에서 심판이 되죠.

각국의 기념품들을 보고 어느 나라 물건인지 맞춰 본 적 있나요?

가정의 활용. 세 친구가 미래도시 공원에 갔어요. 이곳저곳을 다니며 놀다가 배가 고파졌어요. 식당에 가야 하는데, 정말 넓은 공원이라서 공원 주변 건물들이 다 작게 보여요.

"어디로 가야 음식점이 있을까?"

레아는 우선 사람들이 많이 걸어가는 방향으로 가 보자고 했어요. 점심 시간이 가까워졌으니까 사람들이 음식점으로 이동하고 있을 거라고 가정하자는 거죠. 두 친구는 레아의 의견에 동의했고, 무사히 식당을 찾을 수 있었어요.

가정은 사실인지 아닌지 모르는 것을 일단 사실이라고 생각하는 거예요. 가정을 이용하면 다른 사실들이 진짜인지 알아볼 수 있죠.

"10, 9, 8 …… 3, 2, 1! 이제 찾는다!"

숨바꼭질을 해 보세요. 술래는 천천히 열을 세는 동안 눈을 감고 있어요. 그 사이에 친구들은 숨는 거예요. 열까지 센 다음에는 "찾는다!"라고 외치고, 숨어 있는 친구들을 찾기 시작해요. 주변 환경을 잘 살피면서 가정해 보세요. 아리는 몸집이 작으니까 저 좁은 곳에 숨을 수 있겠어! 베르는 높은 곳을 무서워하지 않으니까 저 위에 숨을 수 있겠어! 그럼 유진은 어디에 있을까요? 친구들을 발견하면 "찾았다!"라고 외쳐요. 맨 마지막까지 숨어 있는 사람이 이기는 게임이에요.

만약 어느 곳이나 갈 수 있는 능력이 생긴다면, 그러니까 아무리 좁거나 아무리 높아도 갈 수 있다면, 어디를 가고 싶어요?

추론으로 암호 풀기. 선생님은 우리에게 몇 가지 점과 선을 보여 주셨어요. 그러고는 그게 글자라고 설명하셨죠!

"말도 안 돼요! 이걸 어떻게 읽어요?"

선생님은 바로 그게 중요한 점이라고 하셨어요. 이 글자들은 규칙을 알지 못하면 읽을 수 없는 암호문이라고요. 그러면서 제2차 세계대전 때 암호해독반에서 근무하며 영국을 구해 낸 천재 수학자 앨런 튜링에 대해 이야기해 주셨어요.

선생님은 네 개의 문제 중 두 개의 답을 알려 주셨고, 우리는 그 힌트를 가지고 암호문을 푸는 규칙을 추론하기 시작했어요.

추론은 이미 가지고 있는 정보들을 이용해서, 새로운 정보를 찾아내는 거예요.

비밀 암호를 만드는 방법은 아주 많아요. 그래서 끝나지 않는 놀이예요. 많은 문장을 적어 놓고, 각 문장의 앞글자만 읽는 방법도 있어요. 또 색깔이나 특이한 모양으로 암호를 만들 수도 있어요. 색깔이나 모양이 어떤 문자나 뜻을 나타내게 하는 거죠. 오른쪽 그림에서 풍선에 적힌 모스 부호도 널리 쓰이는 일종의 암호예요.

가장 친한 친구와 둘이서만 통하는 암호 문자를 사용해 본 적 있나요?

제멋대로 해석하기. 옛날에 스키타이와 페르시아가 전쟁을 벌였어요.
어느 날 스키타이의 통치자 이단튀르수스는 페르시아의 다리우스 왕에게 새와 생쥐, 개구리, 화살 다섯 개를 보냈어요. 다리우스 왕은 이것을 항복의 표시로 해석했어요. 쥐와 새는 땅을, 개구리는 물을, 화살은 군사의 상징이니 그들이 가진 모든 것을 내놓겠다는 뜻이라고 생각한 것이죠.

하지만 대왕의 옆에 있던 고브뤼아스는 이렇게 해석했어요.
"새처럼 날지 않으면, 쥐처럼 땅속에 숨지 않으면, 개구리처럼 물에 들어가지 않으면 화살을 피할 수 없을 것이다."

그리고 얼마 후 스키타이의 공격을 받은 페르시아는 패배했어요.

사건과 사물, 행위 등의 내용을 판단하고 이해하는 걸 **해석**이라고 해요.
잘 해석하려면 예리한 관찰력과 상식이 필요해요.

오랫동안 상형 문자는 고대 이집트인이 남겨 놓은 **수수께끼** 같았어요. 하지만 프랑스의 한 연구가가 그 수수께끼를 풀었어요. 똑같은 내용을 세 가지 언어로 적어 놓은 로제타 비석을 발견한 덕분이죠! 상형 문자와 함께 적혀 있던 다른 두 가지 언어는 그 뜻을 이미 알고 있었거든요.

책을 읽다가 모르는 단어가 나오면, 사전을 찾지 않고 어떻게 해석할 수 있을까요?

깃발로 설명하기. 무선 통신 장비가 없을 때, 항해자는 문자와 숫자를 뜻하는 여러 깃발을 사용해요. 다른 배에 메시지를 전할 때, 앞쪽 돛대에 각 글자에 해당하는 깃발을 위에서 아래로, 왼쪽에서 오른쪽으로 다는 거예요.

딱 하나의 깃발이 배에서 일어난 특정 상황을 설명해 주기도 해요.

설명은 어떤 일이나 대상의 내용을 상대가 잘 알 수 있도록 말해 주는 거예요.

여러분이 그림 속 깃발을 읽을 수 있다면, 뭔가를 전하려 애쓰는 쥐와 닭이 정말 고마워할 거예요. 도서관에서 '국제 신호기' 관련 책을 살펴보면, 이 신호를 해석할 수 있어요.

단어 만들기 놀이는 단어를 만들고 거기에 뜻을 붙이는 거예요. 가장 간단하게 우선 이미 알려진 단어들을 연결해 보세요. 예를 들어, '재미'와 '책'을 합쳐서 '재미책'이라는 단어를 만드는 거죠. 그 뜻은 '재미있는 내용이 담긴 모든 책' 이에요. 새롭게 만든 단어는 사전에는 없는 단어여야 해요. 그리고 이리저리 따져 봐도 납득이 되고 남들에게 설명할 수 있어야 해요.

새로 만든 단어들로 나만의 사전을 만들어 보면 어떨까요? 단어에 얽힌 가상의 전설도 꾸며 보는 거예요.

예를 들면. "언젠가는 저 멀리 토성까지 가 볼 거야. 도착하면 정글에서 사용하는 문자로 소식을 전할게." 삼촌이 모험을 떠나기 전에 말했어요.

그리고 얼마 지나지 않아서 나는 여러 가지 동물 형상이 그려진 엽서를 받았어요. 엄마가 그 내용을 이해하도록 도와주셨죠. "너희 삼촌은 동물 모양이랑 글자를 연결하는 걸 좋아해. 예를 들면, 도마뱀붙이의 몸은 S자 모양이고, 여우 얼굴은 A 모양이야. 물소의 뿔은 T 모양이고, 원숭이 꼬리는 U자로 춤을 추지. 곰은 앞발이 R 모양이고, 토끼 이빨은 N이지…."

과연 삼촌은 목적지에 도착했을까요?

힌트! 위 문자를 조합하면 'SATURN'이 되는데, 바로 토성이라는 뜻이에요.

예를 들면 어떤 개념이나 사실이 훨씬 더 분명하게 이해가 되지요.

"규칙은 기역, 음식!"
"김치!" "고구마!" "강낭콩!"

초성 놀이는 첫소리가 같은 단어를 말하는 놀이예요. 단, 정해진 종류 안에서 답해야 해요. 심판이 초성과 단어의 종류를 정하면, 참가자들은 그에 맞는 대답을 한 개씩 내놓아요. 돌아가면서 말하고, 말하지 못하는 사람은 다음 경기에서 심판이 돼요.

여러분이 초성 놀이를 한다면 여기에 어떤 규칙을 더할 수 있나요?

병을 낫게 하는 병

천연두는 인간에게 치명적인 질병으로, 18세기에는 온 유럽에 수개월 동안 퍼졌어요. 그런데 영국인 메리 워틀리 몬터규는 이스탄불을 여행하면서 이 질병의 매우 흥미로운 점을 **발견**했어요.

터키인들이 위험한 질병과 싸우는 걸 봤거든요. 그들은 일부러 병에 걸렸어요. 물론 정확히 그런 건 아니지만, 그런 것처럼 보였어요. 그들은 천연두를 일으키는 바이러스를 아주 적은 양 자기 몸에 접종했거든요.

메리는 영국으로 돌아와서 직접 **실험**을 했어요. 몇몇 사람들의 팔에 살짝 상처를 낸 다음, 천연두에 걸린 사람의 고름을 아주 조금 묻혔어요. 그렇게 감염된 사람들은 며칠 후에 열이 나고 아팠지만, 회복되었어요. 그리고 이후에는 천연두에 걸리지 않았어요. 그러나 안타깝게도, 이 치료의 비밀은 그렇게 널리 퍼지지는 않았어요.

몇 년 후, 영국의 의사 에드워드 제너는 천연두에 걸린 젖소의 젖을 짜다가
감염된 여성들에게서 이상한 점을 발견했어요. 그들은 우두(소 천연두)에서 빨리
회복되었고, 무서운 인두(인간 천연두)에 대한 면역력까지 생겼거든요!

제너는 두 질병 사이의 관계를 **증명**하기로 마음먹고 건강한 여덟 살 소년에게
우두 바이러스를 접종했어요. 소젖을 짜던 여성들처럼 소년도 앓아누웠죠.
하지만 빨리 회복했어요. 그러자 제너는 증명을 **완성**하기 위해서 소년에게
무서운 인두도 접종했어요. 그러나 소년은 아프지 않았어요!

제너는 스물세 명에게 같은 원리를 **적용**해 우두를 접종했고, 그 결과 모두
인두에 걸리지 않았어요.

그 후 이 원리를 이용해 천연두 백신을 **제작**했어요. 백신은 전 세계로 퍼져 나갔고,
사람들은 천연두를 무서워하지 않게 되었어요. 우연한 목격에서 자세한 관찰,
발견이 이어져 인류를 구하는 백신이 만들어졌다니, 놀랍죠?

원인과 결과 실험. 나는 복도의 앞뒤를 거꾸로 세 번씩 왔다갔다했어요. 그랬더니 시험에서 낙제했어요. 또, 수업에 들어가기 전에 반 친구들이 전부 내 오른쪽 손바닥을 치면서 인사했어요. 또 낙제했어요. 이번엔 행운의 양말을 신었어요. 역시 낙제했죠. 이번엔 행운의 옷을 입었어요. 그래도 낙제했어요…….

마지막으로 이 실험에서 꼭 필요한 요소를 해 봤어요. 공부를 열심히 했어요. 그랬더니 100점을 받았어요.

실험은 뭔가를 확인하기 위해 꼭 필요한 행동을 실제로 해 보는 걸 말해요.

색깔 만들기는 간단하지만 재밌는 놀이예요. 준비물은 노랑 물감, 파랑 물감, 빨강 물감, 물, 종이, 그리고 손가락이에요. 물감이 없다고요?
괜찮아요. 그러면 노랑, 빨강, 파랑 사인펜을 준비하세요.
크레파스도 좋아요!

나는 초록색을 좋아해서 초록색을 만들고 싶어요.
노랑과 파랑과 빨강 중 어떤 색을 섞어야 할까요?

오늘 내가 만들어 낸 색과 똑같은 색을 가진 물건을 찾아보세요!

꿈속의 발견. 현실 세계와 꿈속 세계 사이에는 보통 2분에서 10분 사이의 간격이 있다고 해요.

그 시간에는 멋진 발견을 할 수가 있어요. 현실 세계에서는 볼 수 없는 것들을 볼 수 있기 때문이죠. 비몽사몽간에 가만히 눈을 감고 머릿속 이야기에 집중하면, 꿈속 모험을 계속할 수 있어요.

발견은 알려지지 않았거나 숨겨진 것을 찾는 거예요.

푸른곰팡이에서 발견한 페니실린은 전 세계 사람들에게 도움이 되었어요. 이렇게 여러 사람에게 영향을 끼치는 발견도 있고, 학교와 집 사이 가장 빠른 길처럼 나에게만 도움이 되는 발견도 있어요.

"다 숨겼어! 보물은 세 개고, 이 공원 안에 있고, 아주 낮은 곳에 있어!"

보물찾기를 할 때 아무런 단서 없이 보물을 발견하기는 어려워요. 보물은 어디에나 있을 수 있으니까요. 강가나 공원, 마당 나무 아래 또는 거실 소파 아래 숨겨져 있을 수 있죠. 그러니까 보물을 숨긴 사람은 보물을 찾는 사람에게 꼭 단서를 주어야 해요.

만일 친구들이 눈을 가리고 보물찾기를 한다면, 여러분은 어떤 단서를 줄 건가요?

궁금증과 증명. 마을에 하나뿐인 농장의 아저씨는 아주 호기심이 많아요.
아저씨는 며칠 전 태어난 송아지를 보며 한 가지 궁금증이 생겼어요.

'저 아빠 소는 정말 크군. 저 엄마 소와 아기 소 두 마리를 합쳐도 무게가 비슷하겠어.'

아저씨는 궁금한 걸 그냥 두는 사람이 아니에요. 자신의 가정을 증명하기 위해
마을에 있던 모든 저울을 동원했죠. 하지만 소가 너무 무거워서 무엇으로도 잴 수
없었어요. 그러다가 놀이터에 있는 시소를 발견했어요!

증명은 행동과 실험 또는 증거들을 통해 사실을 밝히는 거예요.

백 원짜리와 오백 원짜리 동전 중에 무엇이 더 무거울까요? 내 왼쪽 양말과
오른쪽 양말 중에서는요? 내 안경과 친구의 안경은 어떤가요?

무엇이 더 놀이를 할 때는 과학적인 방법이 필요해요.
비교하고 싶은 걸 정확하게 잴 수 있어야 하거든요.

똑같은 컵 두 개에 각각 물과 기름을 따라보세요. 두 개의 무게는 같을까요?

날개의 원리. 토마스는 하늘을 날고 싶었어요. 그는 농장에 있는 새들이 벌레와 과일 찌꺼기를 먹는 걸 보고, 그걸 먹으면 날 수 있다고 생각했죠. 하지만 그 찌꺼기들은 맛이 없었고, 먹어도 날지 못했어요.

시모네타가 새들을 관찰해 보니 모든 새에게 부리와 깃털이 있었어요. 그래서 시모네타는 깃털 달린 옷을 입고 주둥이를 붙이고 걷기 시작했어요. 물론 날 수 없었죠. 그래서 달리기 시작했어요. 그래도 날 기미가 전혀 보이지 않았어요. 결국, 사다리에서 뛰어내렸어요. 바닥에 머리를 부딪치고 말았죠.

레오나르도 다빈치는 새가 가진 날개의 원리를 기계에 적용했어요.

적용은 어떤 목적을 달성하기 위해 이미 있는 지식을 알맞게 이용하거나 맞추어 쓰는 거예요.

연날리기를 해 본 적 있나요? 하늘 위로 휙 솟구쳐 오르는 모습이 정말 멋지죠.

첫 번째 연은 새 모양이었다고 해요. 하늘을 나는 물건이니 새를 닮게 만들었나 봐요. 그 후에는 가볍고 탄력 있는 나무에 종이를 붙였어요. 이 연들은 바람에 날리는 나뭇잎과 모자에서 영감을 얻었다고 해요.

연은 정말 여러 가지 재료로 만들 수 있어요. 친구들과 **연 만들기**를 함께 해 봐요.

물 위를 걸을 수 있는 신발을 만든다면, 어떤 자연의 모습을 적용할 수 있을까요?

죽지 않는 사진. "인간이여! 만일 이 성에서 나가고 싶다면, 나를 불사조로 만들어 주어야 한다." 거대한 몸집을 가진 성의 주인이 으스스한 목소리로 말했어요.

그래서 나는 주위를 둘러보았죠. 그리고 성에 있던 잡동사니 중에 구두약, 신발 상자, 가위, 핀, 전기 테이프와 알루미늄 포일을 집어 들었어요.

"이제 내가 너를 불사조로 만들었으니, 너도 약속을 지켜. 나를 여기에서 내보내 줘." 나는 방금 제작한 카메라로 사진을 찍어 주고 나서 대답했어요.

제작은 필요한 재료를 가지고 새로운 물건이나 작품을 만드는 거예요.

나는 비행기를 정말 좋아해요. 거대한 여객기도 좋고, 전투기도 좋아요. 비행기를 가지고 싶지만 그건 너무 어려운 일이죠. 그래서 **모형 만들기** 놀이를 해요.

손바닥만한 나무 조각과 골판지, 날개를 만들 천, 은박지 프로펠러에 나무젓가락으로 만든 방향타를 더해요.

모형 비행기는 실제로 탈 수는 없어요. 하지만 상상만으로는 우주선보다 더 멀리 날 수 있죠. 그리고 실제라면 절대 안 되지만, 사랑하는 강아지를 무릎 위에 앉히고 비행할 수도 있어요.

모형을 만드는 데 정해진 방법은 없어요. 원하는 모든 재료를 사용할 수 있죠. 만약 넓적하고 둥근 호박을 사용한다면, 어떤 모형을 만들 수 있을까요?

공룡의 완성. 고고학자들은 땅속에서 우리가 알지 못하던 동물의 뼈를 발견했어요. 비슷한 모양의 뼈들이 세계 곳곳에서 발견되었고, 그걸 공룡이라고 부르기로 했죠.

모든 뼈가 다 발견된 건 아니에요. 하지만 고고학자들은 이미 알고 있던 지식들을 활용하고 추론해서, 공룡의 골격을 완성했어요.

공룡 몸의 많은 부분은 아직 가정일 뿐이에요. 특히 피부나 깃털은 어떻게 생겼는지 알 수 없죠. 언젠가는 공룡의 진짜 모습을 알 수 있게 될까요?

완성은 무언가를 가득 채우거나 완전히 다 이루는 거예요. 그러기 위해서는 빠진 부분이 없어야 해요.

오목은 두 사람이 할 수 있어요. 바둑판 위에 검정과 하양 돌을 서로 번갈아 두면서, 먼저 다섯 개의 돌을 나란히 둔 사람이 이기는 놀이예요.

"나 다섯 알, 완성!"
"앗, 저걸 막았어야 했는데!"

바둑판이 없으면 종이에 가로 세로로 선을 그어서 놀이판을 만들면 돼요. 바둑돌 대신에 연필로 동그랗게 그리거나 칠해서 표시하는 거죠.

오목 놀이처럼 두 사람이 할 수 있는 놀이는 또 뭐가 있을까요?

오징어는 어떻게 로켓이 되었을까

1874년 페루. 화산 물질로 **구성**된 아름다운 마을에서 페드로 파울레트라는
소년이 태어났어요. 페드로는 별과 불꽃 로켓에 홀딱 반했어요.
당시 마을에서 아주 먼 도시에 최초의 자동차가 다니기 시작했는데,
자동차의 최대 속도는 빨리 달리는 말의 속도와 비슷했죠.

하지만 페드로는 더 빨라야 한다고 생각했어요. 우주에 가고 싶었거든요.
페드로는 자신의 꿈을 이루기 위해서 계속 연구했어요.
그리고 자체 동력 공급 장치를 설계하기 시작했어요.
그러다가 로켓 추진 연구를 할 때 오징어에서 영감을 얻었어요.

페드로는 오징어의 이동 방법을 **분석**하고 움직이는 **순서**를 관찰했어요.
첫째, 오징어는 몸통 아랫부분에 있는 깔때기로 물을 빨아들여요.

그런 다음 근육을 수축시켜 몸통 안의 압력을 높인 뒤, 물을 힘껏 뿜어내요.
그 결과로 오징어의 몸은 물이 빠져나간 방향과 반대 방향으로 발사되죠.

하지만 페드로는 우주에 가려면 자연의 과정을 그대로 따라하는 게 아니라,
그것을 넘어서야 한다는 걸 알았어요. 그래서 로켓 엔진을 설계할 때 오징어 추진
방식을 **선택**했지만, 추진 요소는 물 대신 강력한 액체 연료로 **재설계**했어요.
오징어보다 훨씬 더 멀리 가고 싶었거든요.

페드로는 그 엔진을 자동차와 무기 제작에 적용하자는 제안을 받았지만
단번에 거절했어요. 자신의 로켓에 다른 기능을 **부여**하는 게 싫었어요.
페드로는 '날아다니는 어뢰'라고 불린 로켓을 설계할 때,
공기나 해류가 없는 대기권 밖 우주를 날 수 있도록 설계했어요.
페드로의 비행체는 프로펠러도, 크고 넓적한 날개도 없는,
당시로서는 매우 획기적인 발명이었죠.
그러고 보니 로켓 모양이 오징어를 빼닮은
이유가 있었네요.

조물주의 부여. 전설에 따르면, 조물주는 다양한 동물을 만들 때 그들 각자에게 나름의 독특한 특성들을 부여했대요.

하이에나에게는 날카로운 발톱을, 앵무새에게는 여러 가지 소리를 낼 수 있는 능력을, 개미에게는 여럿이 함께 행동할 수 있는 협동심을, 부엉이에게는 한밤중에 모든 것을 또렷이 볼 수 있는 눈을 주었죠.

부여는 사람이나 사물, 일에 각자의 가치나 특징을 정해 주는 거예요.

할아버지가 어렸을 때는, 상점에서 파는 장난감이 아주 적었대요. 그때는 대부분 집에서 사용하다 남거나 버려진 물건에 새로운 이름을 붙여서 놀았대요.

이름 붙이기는 아주 쉬워요. 병뚜껑에 '축구 선수'나 '탐험가'라는 이름을 붙이고 놀면 돼요. 작은 상자에는 '자동차'나 '기차'라는 이름이 자주 붙죠.

만일 우리가 작은 도시를 만든다면, 계란판에 어떤 기능을 부여하면 좋을까요?

오징어 감독의 선택. "사랑하는 물고기와 해파리, 불가사리, 산호 여러분, 둥글게 모이세요. 이제 오대양 챔피언대회에 나갈 선수를 뽑아 봅시다."
"오징어 감독님, 저요, 저! 저는 그 경기를 정말 잘해요."
분홍색 불가사리가 주장했어요. 몇몇 물고기와 해파리도 각각 장점을 말했어요.

하지만 감독은 이 문제를 이렇게 해결했어요.
"모두 조용! 이제 뽑습니다. 누가 이 경기에 나갈까요, 알아맞혀 보세요. 딩동댕! 자네, 출전. 자 다음, 누가 이 경기에 나갈까요, 알아맞혀… 자네! 누가 이 경기… 자네도!"
감독님의 선택이 끝났어요. 우리는 점수로 선수를 뽑지 않아요.

선택은 몇 가지 또는 전체 중에서 어느 것을 골라 내는 거예요.

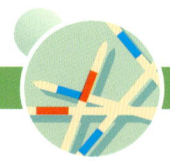

"나는 **미카도** 놀이를 잘해요. 막대기도 잘 선택하고, 손도 안 떨어요."

미카도 놀이는 눈과 손의 협동 능력을 시험하는 놀이예요. 젓가락 같은 막대기 수십 개로 하는데, 막대기에는 여러 가지 색이 칠해져 있고, 색마다 점수가 달라요. 먼저 탁자에 막대기들을 아무렇게나 쌓아서 모아 놔요. 그리고 차례대로 하나씩 집어 가는 거예요. 집을 때 다른 막대기를 건드리면 막대기를 가져갈 수 없어요. 다음 사람 차례가 되죠. 하나도 남지 않을 때까지 해서 제일 점수가 높은 사람이 이겨요.

만약 숟가락을 가지고 놀이를 만든다면 어떻게 하겠어요?

어떤 생일 선물. 아버지는 딸 도로시에게 생일 선물로 한 문장이 적힌 카드와 줄이 달린 시계를 주었어요. 아버지가 방을 나가자, 도로시는 시계를 바로 분해하기 시작했고, 다시는 시간을 볼 수 없게 되었죠. 시계 안에 들어 있던 톱니바퀴 하나를 잃어버렸거든요. "시계를 분석해 보고 싶었어요." 도로시는 자신의 잘못을 인정했어요.

12년 후 도로시는 어른이 되었고, 나중엔 노벨상을 받은 화학자가 되었어요. 도로시는 연구에 지칠 때마다 아버지가 선물로 주신 카드에 적혀 있던 문장을 떠올렸어요.

"과학은 호기심에서 시작된다."

분석은 대상을 더 잘 알기 위해 그 안의 장치와 생각, 과정을 구분하고 나누는 거예요.

줄넘기가 고장났어요. 너무 열심히 돌렸는지 줄이 끊어져 버렸죠.
하지만 괜찮아요. 재활용할 수 있거든요.

"이 줄은 아주 기니까 여러모로 쓸모 있어."
"맞아! 혼자서는 서 있지 못하게 된 우주인 인형에 달아 줄까?"
"그래, 저 막대기에 줄을 연결하면 춤추는 인형이 될 거야!"

재활용 놀이는 고장난 물건과 장치를 다시 살려 주는 놀이예요.
과자를 먹고 남은 통이나, 망가진 장난감도 활용할 수 있죠.

주변에서 재활용할 수 있는 물건 하나씩만 말해 보세요.

돛으로 가는 우주선. "조종석 좌석은?"

"준비됐습니다."

"제어판은?"

"작동합니다."

"추진 엔진은?"

"그건 없습니다, 대장님."

"그럼 어떻게 달까지 가지?"

"아주 큰 돛을 달았습니다. 승무원들이 힘을 모아 바람을 불 겁니다."

대장은 그렇게 하면 멀리 가지 못한다는 걸 알았어요. 그래서 기술자들을 모으고, 추진 시스템을 재설계했어요.

재설계는 다시 설계하는 거예요. 이전에는 옳다고 생각한 것들에서 문제가 생기거나, 부족한 점이 있으면 보충해서 새롭게 수정하는 거죠.

집으로 가는 길은 여러 개예요. 그런데 그중에 한 길만 맞고, 나머지 길은 막다른 골목에서 끝나요. 마치 미로찾기처럼요.

종이를 펼치고 가상의 출발지와 도착지를 정하세요. 그런 다음에 두 장소를 이어 주는 여러 갈래 길을 그려요. 하지만 진짜로 통하는 길은 딱 하나여야 해요.

직접 만든 **미로찾기**를 친구들에게 나눠줘서 정답을 찾아보게 하세요.

그런데, 나의 마음 안에 미로가 있다면 어떤 느낌일까요?

순서대로 정렬! 나는 모든 일을 순서대로 하는 게 좋아요. 아침에 일어나면 양치질을 하고, 세수를 한 다음, 머리를 빗어요. 이 순서가 바뀌는 건 좋아하지 않아요.

나는 작업대에 필요한 물건들도 글자 순서대로 정리해요.
나사, 드라이버, 망치, 톱, 펜치 순서인 거죠.

그렇지만 동생이 작업대를 쓰면 모든 것을 바꿔 놓아요.
동생은 물건을 색깔별로 놓는 걸 좋아하거든요.

순서는 어떤 일을 하는 차례를 말해요. 기준이 달라지면, 순서도 달라지죠.

도미노는 똑같이 생긴 네모난 나무 도막을 줄지어 세운 다음, 한 번에 쓰러뜨리는 놀이예요. 나무 도막을 많이 사용할수록 완성하기 어렵죠. 하지만 많이 세워 놓을수록 쓰러지는 모습도 더 멋져요.

나무 도막이 아니어도 상관없어요. 모양과 무게가 같으면 재료가 달라도 돼요.
너무 가벼운 재료는 어렵겠지만요.

만약 1,000개의 도미노를 사용해서 논다면, 어떤 모양을 만들고 싶나요?

우주의 구성. 우주는 셀 수 없이 많은 항성과 행성으로 구성되어 있어요.
예를 들면 태양이라는 항성 주변을 수성, 금성, 지구, 화성 같은 행성들이 맴돌고 있죠.

우리의 몸도 다양한 장기로 구성되어 있어요. 우주와 몸의 공통점은,
둘 다 정말 놀랍다는 거예요!

구성은 몇 가지 부분이나 요소들이 모여서 일정한 전체를 짜 이루는 걸 말해요.
또는 그렇게 이루어진 결과를 말하기도 하죠.

최초의 **퍼즐**은 전 세계 나라의 모양이었어요. 나무에 그려진 세계 지도에서
국가의 경계선을 따라 톱으로 자르고 조각들을 섞은 거죠.
그런 퍼즐은 각 나라의 모양과 위치를 알면 금방 맞췄겠죠?

요즘은 구성하고 있는 퍼즐 조각의 모양보다는, 조각을 다 모은 전체 그림이
더 중요해요. 그림은 동화 속 장면일 때도 있고, 좋아하는 연예인일 때도 있죠.

실수로 도자기 꽃병을 깨뜨렸다면, 그걸로 퍼즐을 만들 수 있을까요?

노래로 만든 지도

사람들은 세상이 어떻게 만들어졌는지 늘 궁금해했어요.
그래서 이와 관련된 수많은 **가설**이 생기고 신기한 사실들을 밝혀내기도 했죠.
그리고 그전에는 아름다운 믿음들이 있었어요. 옛날 호주에는 우리가 밟는 땅이
노래로 만들어졌다는 믿음이 있었대요.

호주 대륙에 수백 개의 부족과 수백 개의 언어가 공존하던 옛날, 그중 한 부족은
멜로디와 화음으로 지도를 그렸어요. 어떤 지역의 노래를 알면, 그곳의 모습도
알 수 있었죠.
여행 **계획**을 세울 때도 옷이나 무기를 준비하기 전에 그곳에 맞는 노래를 배웠어요.
노래가 없으면 가는 방법을 알 수 없었고, 넓은 곳에서 길을 잃고 말았죠.

그래서 여행자에게는 기억력이 매우 중요했어요. 만일 누군가 노래의 멜로디를 멋대로 **변형**하면 방향이나 정보가 헷갈려서 낯선 곳에서 꼼짝도 못하게 되니까요.

마을마다 자기 땅의 지도가 있어서 노래가 대대로 전달되었죠.
거기에는 안전하게 여행하고 건강하게 집으로 돌아오는 데 필요한 설명이
들어 있었어요. 따라서 노래를 **완전하게** 배우는 게 매우 중요했어요.

노랫말에는 물과 음식, 피난처가 들어 있었어요. 바위와 언덕, 평원, 위치 안내판도 있고요. 너무 다양하고 자세해서 모든 노래를 몇 가지로 **일반화**할 수가 없었어요. 여행자들은 여러 곳을 여행할 때 마을 중간에 정류장을 만들고, 그곳 주민들에게 노래를 가르쳐 달라고 부탁했어요. 그렇게 여러 노래를 배우고 배우면 호주 대륙 전체를 여행할 수 있었을 거예요.

호주의 노래 지도가 바다를 건넜다면 어땠을까요?
전 세계의 노래를 **결합**하면,
세계 지도도 만들 수 있었겠죠?

여행의 필수품. 나는 노래하며 걷는 사람을 볼 때마다 호주의 노래 지도가 떠올라요. 내가 사는 곳에도 노래 지도가 있다면 나는 이웃 마을에 갈 때마다 노래를 부르겠죠. 그리고 노래 열 곡만 있으면 이 도시를 떠날 수도 있을 거예요. 악보를 적어서 노래를 기록하면 더 많은 노래가 이어질 수도 있겠고요.

전 세계를 여행할 계획이라면, 배낭에 여든 개의 협주곡을 넣어야 할 거예요.

계획은 어떤 과제를 하는 데 필요한 과정과 요소들을 준비하는 거예요.
그 과제는 기계를 만들거나 새로운 기술을 익히거나, 수학 문제를 풀거나,
습관을 바꾸는 일이 될 수 있어요.

"체크메이트!"
"아악!"

체스는 세로 8열, 가로 8열의 64개 격자무늬 판 위에, 두 사람이 각각 16개의 말을 가지고 하는 게임이에요. 16개의 말들은 각자 정해진 대로만 움직일 수 있고, 상대의 '킹'을 잡으면 이기게 되죠. 그리고 '킹'을 잡을 수 있는 수를 놓을 때 "체크메이트!"라고 외치죠.

체스와 유사한 장기 놀이를 배워서 친구와 겨루어 보면 어떨까요?

가설과 검증. 내가 다섯 살 때, 우리집 부엌 제일 높은 선반 위에는 '과자 항아리'가 있었어요. 그 예쁜 유리 항아리에는 내가 좋아하는 과자들이 전부 들어 있었죠.

나는 그때 '어른들이 도와주지 않으면 과자를 꺼낼 수 없다.'라는 가설을 세웠어요. 혼자 꺼내다가 여러 번 실패했거든요. 친구들과 해 봐도 마찬가지였어요. 그렇게 그 가설이 맞다는 걸 확인했죠. 하지만 지금 나는 열다섯 살이고 키가 두 배로 커져서, 그 가설이 틀렸다는 걸 알아요.

가설은 어떤 사실을 설명하기 위해 임시로 세운 이론이에요. 이것이 타당한 진리가 되려면 관찰과 실험으로 검증되어야 해요.

고대 그리스의 한 학자는 남쪽으로 여행을 갔다가, 수평선의 별자리 위치가 위로 이동한 걸 보고 '지구가 평평하다.'는 가설을 버렸어요.

좀비와 시민은 세 명 이상일 때 할 수 있는 놀이인데, 언제나 좀비가 시민보다 숫자가 적어야 해요.

놀이를 하려면 참여하는 사람 숫자만큼의 카드가 필요해요. 카드에는 좀비 또는 시민이라는 글자가 적혀 있고, 참가자들은 모두 카드를 하나씩 나눠 가져요. 서로가 누가 좀비이고 시민인지 모르는 상태가 되는 거죠. 좀비는 시민을 잡아야 하고, 시민은 좀비를 잡아야 해요.

만약 서른 명이 함께 이 놀이를 하려면, 무엇을 준비해야 할까요?

결합이 만드는 노래. 작곡가는 음악을 만들 때 자신의 기억과 능력, 그리고 경험을 멜로디와 결합해서 만들어요.

숲 가장자리에 살던 한 작곡가는 자신이 사는 곳을 소개하는 노래를 만들고 싶었어요.
그래서 창밖에서 들려오는 아름다운 새소리를 들으며 곡을 썼어요.
길가에 핀 향기로운 꽃의 냄새를 맡고, 싱그러운 풀잎들을 바라보며 작곡했어요.

아름다운 노래가 완성되었고, 다른 사람들도 그 노래를 들으면 숲에서 지저귀는 새가 떠오른다고 말했어요.

결합은 둘 이상의 사물과 행동 또는 다양한 방식을 연결해서 조화로운 하나를 만드는 거예요.

옛날 중국에서 어떤 관리가 황제의 보물을 실수로 바닥에 떨어뜨렸어요. 정사각형으로 생긴 도자기 판은 깨져서 일곱 조각으로 흩어졌고, 관리는 조각들을 모아 원래대로 돌려놓으려고 했지만 마음처럼 되지 않았어요. 그러다 그 조각들을 자유롭게 결합하면 너무나 많은 모양을 만들 수 있다는 걸 발견했어요.

전설에 따르면, 여기에서 **칠교** 놀이가 시작되었다고 해요. 칠교는 합치면 정사각형 모양이 되는 일곱 개의 조각을 가지고, 아주 다양한 모양을 만드는 놀이예요.

원 모양 판으로도 칠교 놀이를 할 수 있을까요?

성급한 일반화. 얼굴이 일곱 개 달린 외계인이 지구에 도착했어요. 그런데 그때 외계인 앞으로 뱀 한 마리가 지나갔어요. 외계인은 '지구에서는 동물들이 바닥으로 기어서 움직인다.'라고 기록했어요.

외계인이 세 개의 얼굴을 들어 보니 지나가는 고양이가 보였어요. 그래서 자신의 기록 중 한 단어에 줄을 그었어요. '지구에서는 동물들이 바닥으로 ~~기어서~~ 움직인다.' 이번엔 네 개의 얼굴을 하늘로 들어올렸는데 날아가는 가마우지가 보였어요. 그래서 외계인은 또 한 단어에 줄을 그었어요. '지구에서는 동물들이 ~~바닥으로 기어서~~ 움직인다.'

만일 바다 깊숙이 내려갔다면 거의 움직임이 없는 해면동물들을 발견했을 것이고, 일반화한 마지막 내용도 지웠겠죠.

일반화는 다양한 특징을 가진 여러 가지를 한번에 표현하기 위해, 그것들의 공통적인 특징만 선택하는 거예요.

우리 손에는 개구리와 코끼리, 악어, 칠면조, 다람쥐 등이 잠들어 있어요. 어두운 방에서 손으로 동물 모양을 만들고 빛을 비추면 확인할 수 있지요.

그림자 놀이를 하면 동물들의 세세한 모습은 사라지고 겉모양만 나타나요.

여러분은 손그림자로 몇 가지 동물을 표현할 수 있나요?

다리의 변형. 위험한 절벽이나 강을 건너기 위해 사람들은 다리를 설치해요.

옛날에는 나무로 흔들다리를 만들었어요. 하지만 요즘에는 금속이나 시멘트, 플라스틱으로 만들고 그 모양도 달라졌죠.

그 모습은 변형되었지만, 옛날이나 지금이나 다리는 우리를 강 건너편으로 넘어갈 수 있게 해 줘요.

변형은 본질은 바꾸지 않고 겉모양이나 크기를 달라지게 하는 거예요.

탁구공으로 **공 넣기** 놀이를 해 볼까요?
처음에는 큰 종이컵을 골대로 써요. 내 키의 두 배쯤 멀리에 종이컵을 두고 공을 던져 넣어요. 바닥에 튕겨도 되고, 바로 넣어도 돼요.
잘 들어가게 되면, 종이컵을 작은 것으로 바꾸거나 살짝 구겨서 더 어렵게 변형시켜 봐요.

철사 옷걸이를 변형하면 어떤 물건을 만들 수 있을까요?

완전한 작품. 아카하타는 일을 할 때 시간이 많이 들어요. 커다란 종이에 그림을 그리는 일을 하거든요. 섬세한 연필로 밑그림을 그리고, 색색의 물감을 칠해요.

오늘도 아카하타는 자연이 준 선물들을 하나하나 그려 나가다가, 마지막으로 파란 새를 그렸어요. 그러고는 조금 떨어져서 작품을 바라보았어요. 완전하다고 느껴질 때 붓을 내려놓았어요.

완전하다는 건 필요한 게 모두 채워져서 모자라지 않은 거예요.

바닥에 **공기** 다섯 개를 펼쳐 던지세요. 하나를 집어 위로 높이 던지고, 그 공깃돌이 공중에 떠 있는 동안 바닥에 있는 다른 공깃돌 하나를 집어 들어요. 그다음에 떨어지는 공깃돌을 잡아내는 거예요. 두 가지 동작을 같은 손으로 해야 해요.

나중에는 바닥의 공깃돌을 두 개, 세 개씩 한꺼번에 잡아 보세요. 새로운 도전 과제들을 만들어서 기술을 완전하게 익혀 보세요.

놀이를 더 재미있게 하기 위해서 크기와 모양이 제각각인 공깃돌을 사용해 보면 어떨까요?

물 위에 지은 집

"우리 엄마는 내가 입은 옷을 다 만드셨어." 첫 번째 아이가 말했어요.
"우리 엄마는 가게에서 파는 모든 바구니를 만드셨어." 또 다른 아이가 자랑스럽게 말했어요. 그러자 세 번째 아이가 끼어들며 말했어요. "우리 엄마는 이 섬을 만드셨어."
그 말을 들은 사람들은 다들 고개를 끄덕였어요. 모두 사실이었거든요.
결국엔 아이들의 웃음보가 터졌어요. 아이들이 말한 것들은 모두 눈으로 **확인**할 수 있어요. 페루 티티카카 호수에 떠 있는 인공 섬에서는, 사람들이 자기가 살 집과 섬을 직접 만들어요.

티티카카 호수에 사는 우로스 사람들은 갈대와 비슷하게 생긴 토토라로 집을 만들어요. 하지만 모두가 똑같은 방법으로 집을 짓는 건 아니에요.
저마다 나름의 방식으로 다르게 짓거든요.

토토라는 호수 바닥에서 자라요. 우로스 사람들은 토토라가 어디에서 더 많이 자라는지 위치를 잘 **구별**해야 해요. 왜냐하면, 그런 곳이 섬을 만들기에 좋은 장소거든요.

그들은 섬이 물살에 떠내려가지 않도록 호수 바닥에 나무 말뚝을 박아요. 가능한 한 문제가 없도록 바닥 상태를 자주 **검토**하고 **수정**해야 해요. 그들은 이 섬 위에 토토라로 집과 학교, 교회 같은 공동 공간들을 만들고, 심지어 감자 같은 덩이줄기 작물도 기르죠.

수백 년 전에 우로스 사람들은 호수 위에서 살 방법을 찾아냈어요. 그들은 전쟁과 갈등을 피해 좀 더 안전한 곳에서 지내고 싶었거든요.

세계 곳곳에는 우로스 사람들처럼 호수와 강 또는 바다 위에 집을 짓기로 **결정**한 사람들이 있어요. 많은 사람이 마법처럼 대나무 장대들 위에 집을 지었어요. 이 장대들은 물 바닥에 박는 말뚝이나 기둥 역할을 했어요. 하지만, 아무 곳에나 지을 수 있는 건 아니에요. 지형의 특성을 잘 **따져 보고** 물살이 세거나 갑작스러운 물 흐름의 변화가 없는 곳을 찾아야 해요. 잘못하면 순식간에 집이 통째로 떠내려갈 수 있기 때문이죠.

꼼꼼하게 확인할 걸. 비가 많이 오는 마을에 새로운 이웃이 이사를 왔어요. 이사 온 사람은 집을 지을 때 주변의 다른 집들과 다르게 평평한 지붕을 썼어요. 평평한 지붕이 멋지다고 생각했거든요.

며칠이 지나 비가 많이 오던 날, 지붕에서 물이 새는 걸 보고 나서야 다른 사람들이 전부 박공지붕을 쓰는 이유를 알게 되었어요. 책을 펼쳐서 엎어 놓은 모양의 박공지붕이어야 빗물이 고이지 않고 흘러내린다는 걸 깨달은 거죠.
그는 집을 짓기 전에 지역의 특성을 제대로 검토했어야 했다고 후회했어요.

검토는 어떤 내용이나 사실을 하나하나 확인하고, 조심스럽게 살펴보는 거예요.

스도쿠는 가로와 세로 각각 3칸씩으로 이루어진 정사각형 격자 안에, 1부터 9까지의 수를 겹치지 않게 적어 넣는 놀이예요. 처음에는 정사각형 하나만 가지고 해 보고, 익숙해지면 9칸짜리 정사각형을 9개 모아서 커다랗게 만들어요.

스도쿠는 친구들과 직접 만들어서 놀 수도 있고, 서점에 스도쿠 문제가 한가득 실려 있는 책들도 있어요.

숫자가 없는 스도쿠도 만들 수 있을까요?

설레발 선장. "선장님, 이웃 섬에 즙이 가득한 과일이 있습니다."
"확실한가? 쌍안경 좀 가져와. 정말이군! 출항이다!"
"먼저 기……를 확인하는 건 어떨까요?"
"닻을 올려라! 돛을 올려라!"
"선장님, 깊……를 확인해야 합니다."
"돛을 모두 펼쳐라! 모험을 떠나자! 저 섬을 향해 출발!"
"선장님, 방금 물 깊이를 확인했습니다. 걸어서 갈 수 있습니다. 제가 먼저 가 보겠습니다."

확인은 어떤 것이 정확하거나 사실인지를 알아보는 거예요.

딸기, 딸기, 사과, 사과……. 방금 전에 확인한 모양이 어디에 있는지를 기억하며 카드를 뒤집어요. 틀렸으면 다시 그림이 보이지 않게 카드를 뒤집어 내려놔요. 레몬, 수박……. 카드를 모두 맞출 때까지 그림 확인하기와 뒤집기를 반복해요.

기억력 놀이는 혼자서도 할 수 있고, 여럿이 할 수도 있어요. 카드가 없어도 할 수 있죠! 예를 들어 오늘 학교에서 집에 오면서 마주친 사람이 몇 명이나 되는지 기억해 보는 거예요.

옆자리에 앉아 있는 친구와 어떤 기억력 놀이를 할 수 있을까요?

사려 깊은 선택 "이게 고민할 일이야!? 풍선 100개랑 풍선 4개 중에 고르는 거라고!"
주변에 서 있던 사람들이 이해할 수 없다는 듯이 말했어요.
"이건 공짜 선물이야! 따로 구별할 것도 없이 똑같은 풍선들이라고!"

고심하던 소녀는 마침내 풍선 4개를 선택했어요.
"난 이걸로 할래. 100개는 내 방에서 가지고 놀기 힘들거든."

구별은 성질이나 종류에 따라 가르는 거예요.

아주 옛날부터 인간은 살아남기 위해 구별하는 법을 배워야 했어요. 어떤 장소가 살기에 좋은지, 어떤 나무가 불에 잘 타는지, 어떤 과일을 먹지 말아야 하는지…….

먼저 주사위를 다섯 번 던지세요. 6, 3, 2, 2, 1이 나왔네요. 이제 이 숫자들로 더하기, 빼기, 곱하기, 나누기를 해 봐요. 6더하기 3은 9이고,
9에서 2를 빼면 7이고, 7에 2를 곱하면 14이고, 14를 1로 나누면 14예요.
이제 다른 사람이 주사위를 던져요.

이렇게 **사칙계산**으로 네 번 셈을 해서 가장 큰 숫자를 얻는 사람이 이기는 놀이예요.

주사위 대신 도로에 다니는 자동차 번호판 숫자로 이 놀이를 한다면 어떻게 할 수 있을까요?

언덕 위의 예쁜 집. "늘 꿈꾸던 곳에서 살아 보세요!
높은 언덕 위에 있는 이 아름다운 집은 여러분의 것이 될 수 있어요.
넓은 정원과 옛날 모습을 그대로 간직한 나무 창문, 우아한 벽난로가 있죠.
두 번 생각할 필요가 없는 곳이에요!"

하지만 이 집을 소개 받은 사람은 두 번 생각했어요. 사실, 두 번 생각하고
또 두 번 생각했죠. 모든 정보를 따져 본 후에 그곳으로 이사 가지 않기로 했어요.
태풍에 부서지고 날아가는 지붕을 보고 싶지는 않았거든요.

따지기는 상황의 장단점을 주의 깊게 검토하는 거예요.

나는 지금 끔찍한 악몽을 꾸고 있어요. 나무 막대로 얼키설키 아무렇게나
쌓아올린 거대한 탑 꼭대기에 아슬아슬 서 있네요. 어떤 사람이 막대 하나를
빼요. 하지만 다행히도 아직 탑은 움직이지 않아요. 다른 사람이 또 막대 하나를
빼요. 탑이 점점 흔들리기 시작해요. 나는 과연 무사히 탑에서 내려올 수
있을까요?

젠가는 이런 악몽과 비슷하지만, 전혀 해를 끼치지 않는 매우 재미있는 놀이예요.

막대들이 내가 가진 장점들이고, 그걸로 세운 탑의 꼭대기에 나의 꿈이 걸려
있다고 상상해 보세요. 꿈을 안전하게 지키기 위해서 절대 빼지 말아야 할 막대는
무엇인가요?

수정하고 수정하고. "덩그란 바키 발명가처럼, 처으메 잘 안되더라도 성공할 때까지 씰망하지 말고 계속 노력하새요."

"동그란 바퀴 발명가처럼, 처으메 잘 안되더라도 성공할 때까지 실망하지 말고 계속 노력하새요."

"동그란 바퀴 발명가처럼, 처음에 잘 안되더라도 성공할 때까지 실망하지 말고 계속 노력하세요."

수정은 실수를 바로잡고 고치는 거예요.

처음에는 모두 똑같이 카드 두 장으로 시작해요. 두 장의 카드 한쪽을 맞대서 시옷 모양으로 세우면 돼요. 그리고 갈수록 사용하는 카드 수를 늘려요. **카드 성**을 만들 거예요. 내가 지은 카드 성은 100장짜리예요. 하지만 미국의 건축가이자 카드 쌓기 전문가인 브라이언 버그는 218,792장으로 카드 성을 쌓았어요.

이제 카드를 사람들로 바꿔 보세요. 사람들로 5층짜리 탑을 쌓으려면 어떻게 해야 할까요? 그리고 몇 사람이나 필요할까요?

위대한 결정. 웅덩이에 번개가 번쩍 하자, 하마는 자신의 거대한 콧구멍뿐 아니라 허공에서 반짝이는 무수히 많은 흰색 점을 볼 수 있었어요. 그 순간 짜릿한 기분이 들면서 그 빛이 너무 궁금해졌어요. 지금처럼 따뜻한 진흙 속에 있으면 어제처럼 또 편안하겠지만, 이 웅덩이에서 벗어나면 마법처럼 환한 하늘을 볼 수 있을 거예요.

하마는 몸에 붙은 진흙과 게으름을 털어냈어요. 과연 무슨 일이 벌어질까요? 하마는 멀리 보고 새로운 것을 찾아 나섰어요. 그리고 전에는 생각하지 못했던 새로운 방법을 생각하면서 마치 처음 사는 것처럼 살기로 결정했어요.

하마는 날아다니는 집의 페달을 밟으며 이렇게 말해요.
"하루하루가 놀이야. 너도 해 볼래?"

결정은 행동이나 태도를 분명하게 정하는 거예요. 이미 있는 것들을 잘 생각해 보고 나서 선택하는 거죠.

가위바위보 놀이는 두 가지 방법으로 할 수 있어요. 첫 번째는 생각하지 않고 아주 빨리 내는 거예요. 이럴 때는 이기고 지는 게 운에 달렸죠. 두 번째는 아주 천천히 내는 거예요. 여러분의 무기가 바위인지 보인지 가위인지 결정하기 전에 상대를 관찰하고 분석해 보세요. 놀이가 훨씬 더 재밌을 거예요.

가위와 바위, 보 그리고…… 이 놀이에 어떤 다른 모양을 추가할 수 있을까요?

EL JUEGO DE PENSAR

Text copyright © 2016 Cristina Núñez Pereira and Rafael R. Valcárcel
The moral rights of the illustrations belong to the respective authors.
© Layout: Leire Mayendía

All Rights Reserved.
Original edition published by Palabras Aladas, S. L., Spain.
Korean translation edition © 2020 by Noonkoip Publishing(Red Stone), Korea.

이 책의 한국어판 저작권은 저작권자와의 독점 계약으로 ㈜눈코입에 있습니다.
신저작권법에 의해 한국어판의 저작권 보호를 받는 서적이므로 무단 전재와 복제를 금합니다.

42가지 언어의 기술
초등학생 • 생각과 논리 혁명

초판 1쇄 발행 2021년 10월 30일
초판 2쇄 발행 2024년 12월 23일

지은이 크리스티나 누녜스 페레이라, 라파엘 R. 발카르셀
옮긴이 김유경
펴낸이 정성진

펴낸곳 ㈜눈코입(레드스톤)
주소 경기도 고양시 일산동구 호수로 672 대우메종리브르 611호
전화 031-913-0650
팩스 02-6455-0285
이메일 redstonekorea@gmail.com

ISBN 979-11-90872-16-4 73170

- 값은 뒤표지에 있습니다.
- 파본은 구입하신 서점에서 교환해 드립니다.

다르게 생각하는 방법을 발견했나요?

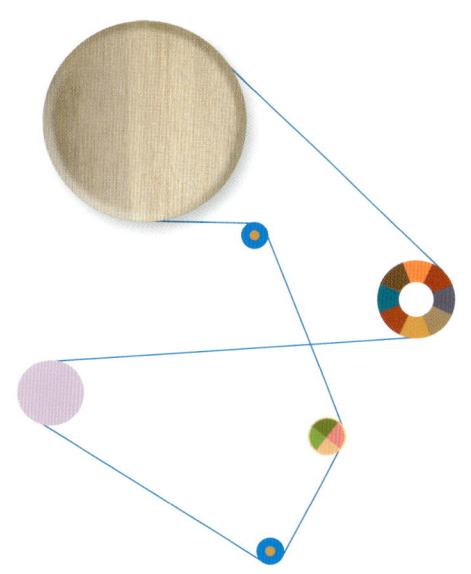

언어 전문가가 쓴
최고의 감정 교과서 & 꿈 만들기 기술 시리즈

크리스티나 누네스 페레이라·라파엘 R. 발카르셀 지음

7세~13세

7세~13세

4세~6세

7세~13세   양장, 각권 72~112쪽

초등 국어교과서 중요단원 수록!

8년 연속 스페인 베스트셀러!

6년 연속 대한민국 아동 베스트셀러!

엄마들의 입소문 베스트셀러!